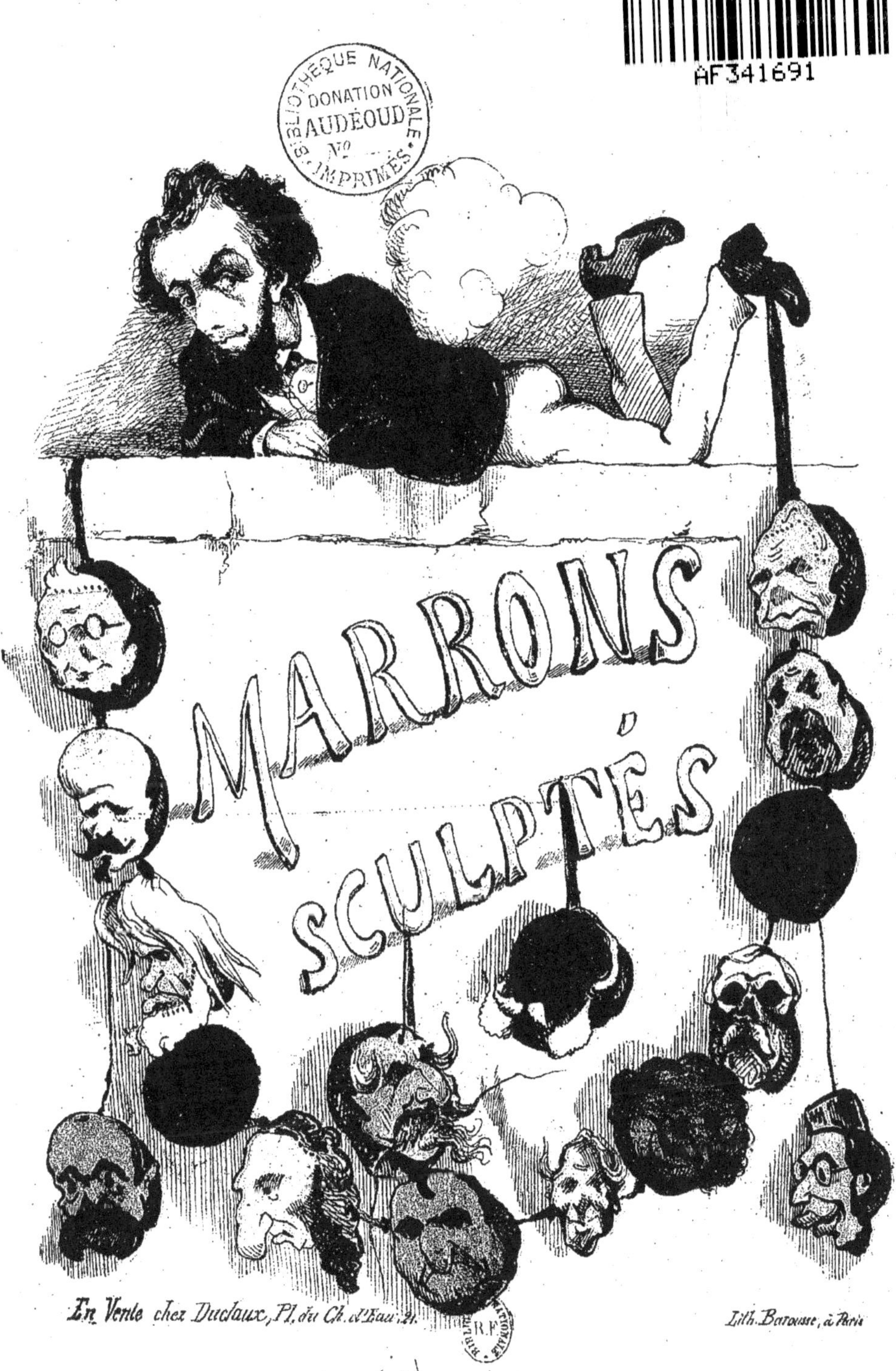
MARRONS
SCULPTÉS
En Vente chez Duclaux, Pl. du Ch. d'Eau, 21.
Lith. Barousse, à Paris

La Mère **THIERS** et...... (ne pas confondre avec la mère *Thierret* du Palais Royal ) et ses nourrissons le Comte de Paris et le Duc d'Aumale.

(Scène du Déluge.)

## JULES FAVRE à l'entrevue de Ferrières

**ERNEST PICARD**

La Vache à lait (*Le Budget*) Voyons, Ernest assez tété comme ça, tu-vas te faire mal au ventre...

Ernest........................................... il continue à téter..

**VINOY** ou le parfait Gendarme
Fusille les Républicains en 71 comme en Décembre 51.

Duclaux, Edit. Pl. du Ch. d'Eau, 21.

Dépôt chez Madre, r. du Croissant, 20

**DUCROT**, dit *Trompe la mort*, et sa fiancée.

**Ducrot**, rêvant » Oui, je les chatierai ces misérables insurgés j'y entrerai dans Paris.

**La Mort**, venant s'asseoir près de lui : ⸺ Et ta promesse vieux lâcheur !.

## LE COMTE DE PARIS
Essayant à l'avance la défroque de l'aïeule.

Lith. Barousse, à Paris.

Duclaux, Ed. Pl. du Ch. d'Eau. 21.

Dépôt chez Madré, r. d. Croist 20

**TROCHU** (*Ignace de Loyola*) et son plan !
Le seul qu'il ait jamais eu.

N° 8.
VILLE DE PARIS.
Il ne sera plus délivré par personne
que trente grammes de cheval et trois
cents grammes de pain noir.
Le Pacha,
J. FERRY.

Lith. Barousse, à Paris.
Duclaux, Éd. Place du Ch. d'Eau 21.
Dépôt, chez Madre, r. du Croist. 20

LE PRINCE de JOINVILLE
attendant toujours sa vali-dation.

## Le Capitaine Fracasse (DUC d'AUMALE)

L'Altesse Impériale (*Plomplon*) démontrant à l'Altesse Royale un nouveau coup : Le coup de l'Altesse…

N° 11.

Duclaux, Éd.ʳ Place du Ch. d'Eau, 24.

Dépôt: chez Madré, r. du Croissant, 20.

# DUFAURE

L'ange de la conciliation.

CHANGARNIER
Se trompant de porte.

## GARNIER PAGÈS

Employant ses loisirs à repasser ses faux-cols.

## JULES SIMON

Quelle onction et comme il sait pleurer avec grâce.

Duclaux, Édit. Pl. de Ch. d'Eau, 21.

Lith. Barousse, Paris.

## PLON PLON

Un Général de cabinet opérant dans les tranchées.

Le Président **DEVIENNE**
faisant sa rentrée triomphale à la cour.

N° 16

GUILLAUME.

# PIERRE BONAPARTE

Songeant après le crime qu'il pourrait perdre sa pension.

N°17

BISMARCK.

## BADINGUET.
### Dernière incarnation

# ÉMILE OLIVIER

Contemplant d'un cœur toujours léger les ruines qu'il a faites.

Duclaux, Edit. Pl. du Ch. d'Eau. 21.    Lith. Barousse, Paris.

La belle Ecaillère de l'Univers.